Pe. FRANCISCO COSTA, C.Ss.R.

VIDA DE SANTO AFONSO MARIA DE LIGÓRIO

De advogado a santo

EDITORA

SANTUÁRIO

COORDENAÇÃO EDITORIAL E REVISÃO: Elizabeth dos Santos Reis
DIAGRAMAÇÃO: Juliano de Sousa Cervelin
CAPA: Alex Luis Siqueira Santos

Dados Internacionais de Catalogação na Publicação (CIP)
(Câmara Brasileira do Livro, SP, Brasil)

Costa, Francisco
Vida de Santo Afonso Maria de Ligório: de advogado a santo / Francisco Costa. 7ª ed. — Aparecida, SP: Editora Santuário, 2003. (Coleção Vida de Santos)

ISBN 85-7200-854-3

1. Santo Afonso Maria de Ligório, Santo, 1696-1787 2. Santos cristãos Biografia I. Título. II. Série.

2092-30 290.282-DDC

Índices para catálogo sistemático:

1. Santos: Igreja Católica: Biografia 282.092

1ª edição: 1987
11ª impressão

A marca FSC® é a garantia de que a madeira utilizada na fabricação do papel deste livro provém de florestas que foram gerenciadas de maneira ambientalmente correta, socialmente justa e economicamente viável.

Rua Pe. Claro Monteiro, 342 – 12570-000 – Aparecida-SP
Tel.: 12 3104-2000 – Televendas: 0800 - 16 00 04
www.editorasantuario.com.br
vendas@editorasantuario.com.br

Apresentação

A primeira escola é o lar; os primeiros mestres, os pais. Se estes falharem em sua tarefa, sobretudo de educadores na fé, um enorme vazio de Deus se abre na vida dos filhos. E se as falhas forem generalizadas, o que será da própria vida humana das crianças?

Nesta pequena biografia, o que queremos mostrar é o bom começo que Afonso teve. Um bom lar, um lar bem estruturado e uma boa escola. E Afonso teve um lar bem estruturado.

Uma outra coisa que abre caminho à santidade é a pessoa saber corresponder a todos os dons recebidos de Deus. E, graças à educação recebida, Afonso correspondeu sempre bem aos dons que Deus lhe outorgara. Já aos 16 anos Afonso era advogado.

Mas a vida de todos os homens está sujeita a mudanças bruscas e inesperadas. Mudanças que nem sempre estão dentro das previsões dos pais, mas muitas vezes dentro das previsões de Deus. Assim aconteceu a Afonso. Assim acontece a muita gente.

Também as crises fazem parte da caminhada daquele que busca a Deus. E as encruzilhadas aparecem. E é preciso escolher um caminho. Afonso não foi diferente em nada dos demais homens.

Por entre luzes e trevas, certezas e dúvidas, Afonso foi caminhando até chegar àquilo que foi: um santo sacerdote; um ardoroso fundador da Congregação dos Missionários Redentoristas; um sábio que iluminou seu tempo. Um zeloso bispo.

Aí está um exemplo de vida bem vivida a serviço do povo e de Deus.

O autor

1. A força de uma aliança

Em 1696.

Nas imediações de Nápoles, na Itália, bem à entrada da cidade, mora o casal Dom Giuseppe de Ligório e Dona Ana Cavalieri. Gente da nobreza. É um casal que se sobressai aos demais. Podemos até dizer que o impossível acontece: dois temperamentos diametralmente opostos se unem, e se unem tão profundamente que formam um lar feliz e abençoado por Deus. É a força de uma aliança. A aliança de dois corações, não de dois corpos apenas. Na virtude está essa força. Ambos são virtuosos. A virtude pode morar em qualquer temperamento desde que se lhe abram as portas.

Dom Giuseppe é almirante das galeras do rei de Nápoles. Homem da nobreza, mas homem de quartel. Rude, duro, enérgico, exigente, mandão, e até violento. Mas, é, ao mesmo tempo, um homem de piedade exímia; dotado de um profundo senso de justiça; sabe valorizar as pessoas e tem um respeito incomum pelos direitos e pela dignidade da pessoa humana. Todo mundo sabe que ele não admite que se façam diante dele gracejos inconvenientes ou se profiram críticas injustas ou se pronunciem palavras duvidosas. É militar, e é honesto. Vive seu cristianismo onde quer que esteja: em casa, no quartel ou no navio em pleno mar. Sabe aliar a piedade à bravura, o poder à justiça.

Dona Ana é, quanto ao temperamento, completamente diferente. É uma mulher delicada, compreensiva, fina, mansa, meiga, enérgica sem ser rude. É uma esposa. E que esposa! É uma verdadeira dona-de-casa. É fácil encontrá-la: está ou em casa, ou na igreja ou nos barracos dos pobres. Para ali vai todos os dias, levar aos necessitados tudo quanto ela sente como supérfluo. Vê neles o Cristo Ressuscitado, desafiando sua fé e sua generosidade: "Tive fome e me destes de comer; estava nu e me vestistes estava doente e fostes me visitar" (M 25,35-36).

Ana não é mulher dada às futilidades e vaidades próprias das mulheres vazias. É mulher de fé, de oração, do dever.

E os dois, Giuseppe e Ana, se dão tão bem! Por que será? Afora aquelas rusguinhas que fazem parte do cotidiano de um casal, são os dois uma só carne. É que Giuseppe e Ana fundiram seus corações no sacramento do matrimônio, levados pelo amor cristão a ser encarnado na vida conjugal. É a força de uma aliança. De uma aliança fundada na virtude. É o que diz a Escritura: "Uma mulher virtuosa é a coroa de seu marido, mas a insolente é como a cárie nos seus dentes" (Pr 12,4).

2. Marianella é sua terra

Marianella é um bairro que fica à entrada da cidade de Nápoles. Ali está morando, em sua casa de campo, o casal Giuseppe e Ana. Ana está grávida. O dia de dar à luz o seu primogênito se aproxima. Como todo italiano, Giuseppe quer um filho homem. Não pensa noutra hipótese. Sonha com o momento de tomar em seus braços o primogênito, o seu herdeiro. Ana já pensa de modo diferente. O que ela deseja é ter uma criança sadia. Se vier um homem, seja bem-vindo! Se vier uma mulher, seja bem-vinda também do mesmo modo!

É 27 de setembro de 1696.

Chegou o grande dia para Ana e

Giuseppe. A expectativa é grande. O momento de dar à luz se avizinha.

Nasceu. Um menino. A casa explode de alegria. Giuseppe bate palmas, dá pulos, tudo é festa. Ana olha a criancinha, e chora de alegria. Alegria porque é uma criança sadia! Alegria porque vê Giuseppe muito alegre. Como Deus é bom!

É 29 de setembro de 1696!

Giuseppe e Ana, seus parentes e amigos, levam o menino para batizar. O nome já tinha sido escolhido. Afonso Maria é seu nome. É uma nova festa, porque para eles o batismo é um novo nascimento: nascimento para a vida de Deus, para a vida nova.

3. Um novo Simeão

A alegria pelo nascimento de Afonso Maria ainda é grande. A festa ainda não terminou. São muitos os parentes e amigos que vêm para felicitar o casal. O batismo ainda está vivo na memória de Giuseppe e Ana. Isso significa muito para eles.

É tardinha!

Alguém bate à porta. Giuseppe atende. É o Padre Francisco Jerônimo. É muito amigo da família. Quer também apresentar suas congratulações pelo nascimento do menino. A casa enche-se ainda mais de alegria. Mas, passados alguns minutos, Giuseppe fica um tanto pensativo e triste com as palavras do Pe. Francisco. Já tinha imaginado todo o futuro de seu querido Afonsinho. Seria seu herdeiro, um almirante das galeras reais, ou então um advogado de renome para elevar bem alto o nome dos Ligórios. Mas, o Pe. Francisco, tomando o menino em seus braços, diz umas palavras que deixam todos de olhos arregalados. Ele fala assim, e pausadamente: "Esta criança não morrerá antes de completar 90 anos. Será bispo e fará grandes coisas por Jesus Cristo". Um silêncio profundo se seguiu a essa profecia. Pe. Francisco se despediu e saiu.

Para Giuseppe a sensação foi a mesma que José e Maria tiveram quando Jesus foi apresentado no templo. Um santo homem chamado Simeão também apareceu, tomou Jesus em seus braços e disse umas palavras que deixaram Maria e José sobressaltados. Disse ele: "Eis que este menino está destinado a ser uma causa de queda e de soerguimento para muitos homens em Israel, e a ser um sinal que provocará contradição" (Lc 2,34). Certamente José e Maria já tinham sonhado sobre o futuro de seu filho, e agora essas palavras misteriosas!

O rude e duro marinheiro fica pensando com seus botões: "Não. Isso não. Ele será meu herdeiro. Ele se casará e perpetuará a família dos Ligórios".

4. Os primeiros passos

Está pelo fim o tempo de engatinhar. Afonsinho já ensaia os primeiros passos. Já aprende as primeiras palavras. Aprender a andar no caminho da vida e no caminho de Deus começa cedo. A casa é a primeira escola. Os pais os primeiros mestres. Por isso Ana, enquanto ensina Afonsinho a andar, já vai repetindo para ele algumas palavras que serão luz para seu caminhar nas estradas de Deus. Também faz parte de seu primeiro vocabulário a oração. Ana é uma sábia psicóloga. Ela sabe que lá dentro do Afonsinho há como que um gravador. Agora só grava e retém. Mais tarde, quando a vida o exigir, esse gravador reproduzirá tudo. Os dias passam, os anos correm, e Afonsinho já é um rapazinho.

5. Garoto esperto e vivo

Afonso vai aos poucos assimilando os ensinamentos de sua mãe, e, quando chega aos 12 anos, já se revela um garoto piedoso, bem educado, estudioso, e, sobretudo, um garoto esperto e vivo. Mas não é um menino esquisito, diferente dos outros de sua idade. Não. É um menino bem normal. Gosta daquilo que os garotos de sua idade gostam. Gosta de excursões e passeios, gosta dos jogos e do baralho, gosta das distrações e travessuras inocentes. Um dia um grupinho de amigos o convida para um jogo de baralho. Afonso não quer aceitar o convite, alegando que não conhece aquele jogo. Mas insistem tanto com ele, que, para não ser chato, aceita. E tem tanta sorte que acaba ganhando a partida e todo o dinheiro dos colegas. Esses, achando que Afonso os tinha enganado, ficam furiosos contra ele. Até palavrões saem. Afonso fica amolado com semelhante atitude de seus amigos, atira todo o dinheiro a seus pés, volta-lhes as costas, vai ficar só. No silêncio e na solidão, ele reza e se acalma e perdoa.

6. O estudante

Em toda parte, naqueles tempos, o futuro dos nobres era a carreira militar. Os livros eram detestados. Ninguém queria estudar. Mas, na corte de Nápoles, o negócio era diferente: ali tanto o livro como a espada eram estimados. E Giuseppe já marcara qual seria a carreira de seu filho. Afonso não queria ser militar, então seu destino devia ser os livros.

Afonso começa a estudar cedo. Seu pai lhe dá ótimos professores e controla rigorosamente seu tempo de estudo. Seu progresso é grande e rápido. Afonso revela, já desde menino, uma inteligência e uma memória fora do comum. Todos o admiram. Mas, embora amante do estudo, continua também a amar o jogo. E um dia se esquece do tempo e do horário e fica jogando até tarde. Entra em casa de fininho, e vai para seu escritório. Lá sobre a mesa de estudo não encontrou seus livros, mas um pacote de cartas de baralho espalhadas. Afonso fica assustado. Mas, seu pai entra logo e vai lhe dizendo: "Esses são os seus livros! Esses os autores que tanto encanto lhe trazem!..."

Afonso aprendeu a lição. Nunca mais aconteceu semelhante distração.

7. De diabo a advogado

Por esse tempo, Afonso se inscreve numa associação de jovens, dirigida pelos padres do Oratório de São Felipe Néri. Havia aí um clube teatral com o objetivo de treinar os jovens para se apresentarem em público e para proporcionar a suas famílias um passatempo inocente e honesto. Para uma das peças dramáticas, escolheram Afonso para fazer o papel de diabo. E não é que Afonso deu um bom diabo. Representou tão bem seu papel que foi aplaudido demoradamente pelo auditório.

Mas sua vida não pode parar em representações teatrais. Ele tem muito mais talento para revelar. Por isso dedica-se à pintura. E que pinturas! Prova disso é a conservação de muitos de seus quadros. Depois da pintura vem a música. Que talento! Aos poucos vão nascendo suas composições. São canções sacras. Ainda hoje, várias delas são cantadas nas igrejas de Nápoles.

Mas seu negócio é outro. Seu pai quer vê-lo advogado. E, de fato, no dia 25 de outubro de 1708, na matrícula da Escola de Direito de Nápoles consta o nome de Afonso Maria. Está então com apenas doze anos. Começa seus estudos universitários sob a severa vigilância do pai. Giuseppe sonha ter um herdeiro que goze da máxima celebridade no Reino. Por isso não dá folga a Afonso.

Os anos passam. Afonso está com dezesseis anos de idade. Tão extraordinário é seu talento, tão brilhante sua inteligência, que com essa idade ele se apresenta perante o Conselho Universitário para defender sua tese de doutorado. A defesa da tese é um verdadeiro show, um espetáculo. É ainda menino, e fala, com segurança e sabedoria, sobre leis na presença de grandes e experientes advogados. Com uma rapidez espantosa de raciocínio dá respostas precisas a todas as perguntas. Todos ficam boquiabertos.

No final, palmas estrondosas àquela brilhante inteligência.

8. O doutorzinho

Afonso tinha defendido sua tese. Foi aprovado. E agora?

Por lei, ninguém podia receber o título de advogado nem revestir-se com a toga de tribuno antes dos 20 anos. E Afonso tem apenas 16 anos.

Mas, por um favor especial do rei de Nápoles, a dificuldade é contornada. Ele reconhece a façanha de Afonso e resolve premiar seu esforço e seu talento. E no dia 10 de janeiro de 1713 sai um decreto real, concedendo a Afonso o direito de exercer a profissão de advogado e de vestir a toga.

A 21 do mesmo mês e ano, em cerimônia solene, recebe os títulos de Doutor em Direito e de advogado do foro de Nápoles, e publicamente o revestem da toga, que, conforme ele mesmo contará mais tarde, se arrastava pelo chão, provocando risos e admiração.

Quem se sente mais envaidecido com isso é Dom Giuseppe. Lá dentro de si, ele ri da profecia do Pe. Francisco e diz, com um ar de triunfo: "Não, Pe. Francisco, meu filho não será nem padre nem bispo. Será, isto sim, um grande cavalheiro da corte e o maior advogado do reino".

9. Uma reviravolta

"Que aproveitará ao homem se ganhar o mundo inteiro mas arruinar sua vida? Ou que poderá o homem dar em troca de sua vida?" (Mt 16,26)

Dom Giuseppe nem pode imaginar a grande reviravolta que começa a acontecer no íntimo de seu filho. Do pai, Afonso herdara um denodado espírito de luta na busca de um ideal. Da mãe, uma sensibilidade extremada e uma profunda delicadeza de consciência. A oração sempre o acompanhara na vida, e lhe fora uma luz em todo momento de escuridão e dúvida.

Um drama interno começa a inquietá-lo. Todos os dias está no foro. Nada escapa a seu espírito de observador. A luta pela justiça, os inocentes condenados, a multiplicação dos processos, tudo apressa o amadurecimento do jovem advogado. Dia a dia percebe que vai conquistando mais admiração, mais fama. Mas começa também a experimentar as primeiras decepções da profissão. Treme e se revolta diante das injustiças! Envergonha-se ante a venalidade de seus colegas! Tem momentos de grande angústia e de profunda tristeza por causa de tanta desonestidade.

Às vezes, Afonso tenta escapar às armadilhas de sua profissão e se atira na oração, na meditação. É em Deus que ele busca o caminho da justiça. É na participação dos sacramentos que ele busca forças para ser justo. Ajuda os pobres, os doentes, e tenta ver neles a imagem do Ressuscitado pedindo justiça.

Certo dia, desiludido com sua profissão e com seus colegas, toma a pena e escreve a um colega:

"Meu amigo, nossa vida está cercada de perigos. Talvez estejamos caminhando para a perdição eterna. A carreira de advogado não me agrada e não me convém. Cedo ou tarde vou abandoná-la, para garantir a minha salvação. Isto é para mim o essencial".

As palavras de Jesus: "Que aproveitará ao homem se ganhar o mundo inteiro mas arruinar a sua vida?" Mexem com Afonso.

10. Um projeto de vida

A reviravolta continua acontecendo... Os escândalos do foro começam a machucar os sentimentos de Afonso. As injustiças que ali se multiplicam a cada dia que passa esmagam sua sensibilidade.

Vê a facilidade com que seus colegas aceitam a defesa de causas más e injustas... Percebe a naturalidade com que usam de meios ilícitos e desonestos em seus processos... Revolta-se diante da frieza com que forçam seus clientes a despesas inúteis... Observa a mediocridade de alguns no empenhar-se e interessar-se pelas causas aceitas... Fica indignado com a negligência de alguns em estudar os pormenores dos processos... tudo isso o amola, e Afonso resolve fazer um projeto para sua vida profissional. São nove pontos. São por assim dizer seus mandamentos:

1.º - Nunca aceitar uma causa má ou injusta;

2.º - Nunca usar de meios ilícitos na defesa de uma causa;

3.º - Não obrigar o cliente a despesas inúteis;

4.º - Pôr na defesa de uma causa tanto empenho e interesse como se a causa fora minha;

5.º - Estudar a fundo todos os pormenores de um processo;

6.º - Não prejudicar o cliente com delongas ou descuidos;

7.º - Implorar sempre o auxílio de Deus, sumo protetor da Justiça;

8.º - Não aceitar causas que sejam superiores a meu talento ou que exijam mais tempo do que posso consagrar-lhes;

9.º - Respeitar a justiça e a eqüidade como se fossem a pupila de meus olhos.

Esse é o seu programa. Essa é a sua linha de conduta. Mas assim mesmo continua preocupado com as palavras do Cristo: "Que aproveitará ao homem se ganhar o mundo inteiro mas arruinar a sua vida?"

11. Na boca da armadilha

Afonso não é o único filho de Giuseppe e Ana. Tem outros irmãos: são sete: Bento, Caetano, Maria Luísa, Maria Ana, Hércules e mais um sétimo, cujo nome se ignora. Deve ter morrido muito cedo. Mas as preocupações do pai estão totalmente voltadas para Afonso. É o primogênito, o herdeiro.

Afonso jamais poderia imaginar que seu pai estava tentando montar uma armadilha, para surpreendê-lo. Percebe as atenções do pai. Sente seu interesse. Mas pensa que o objetivo de seu pai é vê-lo feliz, alegre, rodeado de amigos, sempre presente nas festas e no ambiente dos palácios.

Mas, na realidade, qual é o objetivo de Dom Giuseppe?

Dom Giuseppe é um cristão. Mas é um homem extremamente ambicioso, vaidoso, interesseiro. Por isso tenta por todos os meios aproximar Afonso dos grandes. Quer vê-lo ao lado de Teresa, filha de um príncipe, amigo seu. Teresa é prima de Afonso. Moça talentosa e de virtudes notáveis. Herdeira de imensa fortuna, porque filha única. Giuseppe acerta tudo com o pai de Teresa, para que ela fosse dada a seu filho por esposa. Falta acertar com Afonso, que por enquanto vê em tudo apenas amizade. Está à boca de uma armadilha, e não o percebe.

A mãe de Teresa está grávida. Chega o dia de dar à luz. Que decepção para Dom Giuseppe! É um filho homem. Teresa perde então seus direitos de primogenitura, e com isso sua grande herança.

Dom Giuseppe é uma das primeiras visitas. Com muita manha e diplomacia, procura distanciar Teresa de seu filho, dando a entender que ele não está mais interessado por ela. Mas é ele que não se interessa mais pelo casamento de Afonso com Teresa, pois ela já não é mais a herdeira, a moça rica de antes.

Dom Giuseppe começa a procurar outra namorada para Afonso. Mas, o mais importante é encontrar uma moça rica e filha de homens influentes. Nesse seu vaivém pelos palácios dos ricos e poderosos fica sabendo que o irmãozinho de Teresa tinha falecido. E agora? Dom Giuseppe, homem ambicioso e interesseiro, não pensa duas vezes. Vai procurar os pais de Teresa e tenta convencê-los de um equívoco seu ao desmanchar o namoro de Afonso com Teresa. Mas Teresa não quis mais saber da proposta daquele homem mentiroso e trapaceiro, e disse:

— Quando eu era a rica herdeira, esse senhor me achou ótima para seu filho, mas quando deixei de o ser, não mais lhe convinha. Agora que sou de novo a herdeira, procura-me outra vez. O que Dom Giuseppe deseja é o meu dinheiro. Não estou disposta a casar-me por esse motivo.

Teresa, revoltada contra essas manobras que brincavam com seus sentimentos, resolve entrar para o convento e fazer-se religiosa.

Dom Giuseppe não se perturba com essa reação. É um homem frio e calculista. Sente perdida a primeira batalha, mas não desiste. Tenta buscar fortuna noutra frente, lançando Afonso no remoinho das festas, bailes e saraus.

12. Dura crise

A princípio Afonso vai a essas festas contrariado e sem interesse de participar. Mas aos poucos começa a gostar. Experimenta o prazer das farras. A ambição apagara o fervor religioso de Dom Giuseppe. Ele quer subir bem alto na vida. Quer ser rico e poderoso. Não importa como. Nem que seja para usar seu filho de mero instrumento!

A ambição cega as pessoas. Amortece a fé. Destrói toda capacidade de diálogo. Leva à manipulação e instrumentalização das pessoas.

Afonso já não perde mais nenhuma festa. Procura estar em todas. Já não tem mais tempo para nada. Ora está em excursões com os amigos, ora em teatros, ora em bailes, ora em jogos. O importante é aproveitar bem a vida. E como ele é um jovem prendado, inteligente, jovial, alegre e brincalhão, atrai a atenção de todas as meninas que começam a persegui-lo.

Essa vida tumultuada acaba criando uma confusão em Afonso. Mergulha-se na dissipação e nas futilidades. Aos poucos, vai se distanciando da oração, dos sacramentos, das obras de misericórdia praticadas em favor dos pobres e doentes. Torna-se um jovem fútil, oco, vazio como tantos jovens de sua idade.

De vez em quando, lá dentro de seu coração, ele ouvia a voz de Deus: "Conheço tua conduta, tua fadiga e tua perseverança... Devo reprovar-te, contudo, por teres abandonado teu primeiro amor. Recorda-te de onde caíste, converte-te e retoma a conduta de outrora" (Ap 2,2.4-5). Mas as gritarias das festas o ensurdeciam.

Quanto mal a ambição de um pai mesquinho ou interesseiro pode fazer a um filho. Onde estava Dona Ana a essa altura? Dom Giuseppe já não dialogava mais. Em casa, só ele tinha vez e voz. O machismo comandava tudo e todos. Dona Ana sofria em silêncio e rezava.

Afonso começa a sentir um vazio imenso dentro de si. A angústia começa a tomar conta dele. A vida começa a perder o sentido para ele. É nessas horas que se pode experimentar o valor de uma amizade: "Um amigo fiel é um poderoso refúgio, o que o descobriu descobriu um tesouro" (Eclo 6,14). E esse amigo apareceu. É um jovem como Afonso. Advogado como ele. Rapaz de fé e de uma vivência cristã profunda. Encontra-se com Afonso. Percebe que ele é totalmente outro. Sente a crise por que ele passa. Não tem respeito humano nenhum. Convida Afonso para um retiro espiritual. Afonso, com os olhos cheios de lágrimas, aceita o convite. Tinha então 26 anos.

13. O caminho de volta

“Vistes o que fiz aos egípcios, e como vos tenho trazido sobre asas de águia para junto de mim” (Êx 19,4).

Afonso e seu amigo foram para o retiro. Ele se sentia como que carregado por Deus sobre asas de águia. Era o começo de uma verdadeira libertação. Aqueles dias de recolhimento e completo silêncio reabriram seus olhos. Lembrou-se do seu primeiro fervor... Viu de onde tinha caído... Percebeu o desastre para o qual estava caminhando. E resolve voltar atrás. Como é duro! Mas a graça tem um poder irresistível e ele se deixa conduzir por ela. Recobra seu antigo fervor. Recomeça sua vida de oração e participação dos sacramentos.

Esse retiro não foi tudo para Afonso. Apenas mostrou-lhe quanta necessidade ele tinha de se afastar um pouco do barulho do mundo para poder escutar o Deus que fala. E às vezes Deus fala de maneira quase imperceptível! É preciso muita atenção para poder ouvi-lo.

De novo Afonso vai para um retiro. Este tem ainda maior repercussão em sua vida. Coisas bem concretas começam a ter definição. Decisões são tomadas. Sobretudo duas decisões muito importantes: deixar o mundo e transferir seus direitos de primogenitura a seu irmão Hércules. Quando? Deus iria mostrar-lhe o momento mais propício...

Dom Giuseppe, ditador acostumado à vida de quartel, desta vez não sabe de nada que está acontecendo dentro de Afonso. Por isso, continua ingenuamente na caça de uma dama bem rica e de pais influentes para futura esposa de seu filho.

Afonso resolve abrir a jogada a seu pai, e isso lhe custa caro: uma violenta bofetada no rosto.

14. A última recusa

Afonso está brigado com o pai. Aquela bofetada machucou-o demais, interiormente. Afinal, ele é um homem culto, um célebre advogado, um homem maduro! E seu pai não tem mais que a cultura de um militar, presumido e prepotente.

Dom Giuseppe compreende seu gesto bárbaro. Fica envergonhado. Mas um militar não volta atrás. E ele não voltou. Como é ruim ter pai assim! No princípio, tão bom e compreensivo! Agora, um prepotente!

Afonso estava convertido. Por isso só ele mesmo era capaz de dar um passo atrás, fazer-se de ofensor, e pedir perdão do sucedido. Seu pai, sem perceber o gesto humilde e profundamente cristão do filho, dá-lhe o perdão como se o erro tivesse sido do filho.

Afonso, para o bem da paz, resolve contemporizar sua resolução. Dá tempo ao tempo. Aparentemente, faz em tudo a vontade do pai. Começa a namorar porque o pai o quer. Mas não dá à moça nenhum sinal de afeto profundo, nenhum carinho, nenhuma atenção especial. É mais um gesto de cortesia do que um namoro. Mas não passa muito tempo e Dom Giuseppe nota a frieza e a distância com que Afonso trata a moça. Os futuros sogros também. É preciso terminar com essa palhaçada. Mas, como?

Quando menos esperamos, as circunstâncias se engatinham, e o desejado acontece. Afonso não via a hora para acabar com aquele arremedo de namoro e a moça não via a hora de consolidá-lo de uma vez.

Afonso era um exímio pianista. Um dia havia uma reunião no palácio da "namorada" de Afonso. Alguém insistiu que Afonso se sentasse ao piano e mostrasse sua arte. Talvez fosse essa a hora de Deus. Afonso começou a tocar piano. Todos estavam de olho nele embevecidos pela melodia que se desprendia de seus dedos. Sua pretensa namorada sentiu ter chegado a hora de envolver e comprometer Afonso. Cantando ao som da música, foi assentar-se ao lado dele, junto ao piano. Abraçou-o e colou sua face à face dele, tentando acariciá-lo. A reação de Afonso foi inesperada. Virou o rosto para o outro lado, levantou-se, e deixou a moça sozinha.

O espanto foi geral. O silêncio foi profundo. E assim terminaram as tentativas de Dom Giuseppe para arranjar noiva para seu filho...

15. O último processo

Fazia dez anos que Afonso advogava. Ainda não perdera nenhuma causa. Tornou-se célebre como o advogado invencível. Todos o procuravam. Os grandes e mais importantes processos eram entregues a ele. Poucos advogados gostavam de enfrentá-lo.

Em 1723 acontece um rumoroso processo nos tribunais do reino de Nápoles. De um lado estava o Grão-Duque de Toscana e do outro o poderoso Duque Orsini. A propriedade que estava envolvida nessa causa era de um valor astronômico. A expectativa era grande. Todo o reino de Nápoles se alvoroçou.

Afonso é convidado para defender os direitos de Duque Orsini. Durante meses se preparou. Ninguém duvidava que ele seria vitorioso.

Chega o dia do julgamento. O foro fervilhava. Toda a alta sociedade de Nápoles estava presente. Curiosos torcedores, parentes de Afonso, amigos, estavam todos ali.

O processo começa. Afonso faz a defesa de sua causa. Sereno, seguro, imperturbável. Até mesmo o juiz estava pasmado com a lógica e a clareza do jovem advogado. Quando ele termina, todo o auditório se levanta e o aplaude estrondosamente.

Em meio aos aplausos, o advogado contrário se levanta, aproxima-se de Afonso, e pede para falar. Fez-se um silêncio de sepulcro. E tirando da pasta um documento, coloca-o diante de Afonso e pergunta-lhe:

— Leste este documento?

Afonso gelou. Ficou pálido. Percebeu sua distração, e respondeu:

— Tens razão. Eu me enganei. Fui derrotado!

Afonso estava arrasado. Não queria consolo de ninguém. Rompendo o aglomerado de amigos, parentes, clientes que o rodeavam, não querendo ouvir a ninguém, deixa o tribunal, dizendo:

— Ó mundo, agora te conheço!... Tribunais, não me vereis jamais!

O ídolo caíra de seu pedestal. Ninguém imaginava!

16. Começa a surgir um homem de Deus

A profecia do Pe. Francisco parece que vai começar a realizar-se agora: morre um advogado e começa a nascer um santo.

Deus é admirável em suas obras. Quando permite a queda de alguém, é para erguê-lo mais alto ainda. Assim foi com Saulo de Tarso, o grande perseguidor dos cristãos. Num momento de glória, é derrubado de seu cavalo, quando se achava rodeado de seus soldados. Fica envergonhado! Abatido! Arrasado! Cego! E foi então que ele começou a ver. Foi preciso ficar cego para poder ver sua vida, sua obra. E, percebendo todo o seu drama, pergunta logo àquele que quis que ele caísse:

— Senhor, que queres que eu faça?

Saulo se esconde dos homens para poder encontrar-se com Deus e escutá-lo. Fica três dias sem ver, sem comer nem beber. E transforma-se em Paulo, o grande apóstolo dos gentios.

Também Afonso, rodeado de seus admiradores, é humilhantemente derrubado de sua tribuna. Cai, e cai fragorosamente. Sabe que há injustiça e corrupção nisso tudo, e por isso sente-se enojado. Foge dos homens. Foge de todos. Quer estar só. Só, trancado em seu quarto. Sem falar, sem comer nem beber. Não atende nem a seus pais. Fica assim três dias. É uma verdadeira tempestade. Sente em volta de si uma verdadeira escuridão.

Aos poucos Afonso vai se recuperando. Seu orgulho ferido transforma-se em humildade. Sua vaidade cultivada torna-se simplicidade. Sua fé e suas orações rompem as trevas. E ele pode ver claro que nisso tudo está o dedo de Deus. Sente que Deus o quer para si. Sente que Deus tem uma missão especial para ele. Daí sua pergunta. Pergunta de alguém que está com uma terrível sede de Deus: "Senhor, que queres que eu faça?"

Desse dia em diante não aceita a defesa de mais nenhuma causa. Nem uma de seu pai. Nele, o advogado morreu. Um novo Afonso começa a nascer. Seu antigo fervor está de volta. Passa longas horas diante do sacrário, num diálogo que só Deus ouve.

Sai do sacrário e vai procurar os pobres, os desamparados, os marginalizados pela sociedade. Senta-se ao lado deles. Conversa com eles, e sente neles o Cristo Ressuscitado clamando por justiça. E sabe que, continuando como advogado em meio à corrupção, ele não pode ser justo.

Às festas, aos bailes, aos teatros, às visitas aos palácios e aos grandes, ele diz um adeus decidido e consciente.

Mesmo em casa mostra-se mais reservado...

Dom Giuseppe está decepcionado com tudo. E pensa: "Agora começo a acreditar no que disse o Pe. Francisco". E, achando que Dona Ana estivesse a par de alguma coisa, pergunta-lhe: "O que Afonso estará pensando?"

O que entristecia o pai, alegrava a mãe!

17. A sarça ardente

É 28 de agosto de 1723.
A corte está de gala. Duques e príncipes exibem suas mais ricas insígnias. É a festa da imperatriz, esposa de Carlos VI. Dom Giuseppe está certo que Afonso vai comparecer à cerimônia do beija-mão.

Mas Afonso diz um não decidido a seu pai. Já está cheio dessas festas ocas que só ajudam a cultivar a vaidade de pessoas vazias. Seu pai fica possesso, mas tem de aceitar que sua casa não é um quartel. Dom Giuseppe sai para um lado e Afonso para outro. Ninguém da família vai à corte. Dom Giuseppe vai para sua casa de campo em Marianella para curtir sua mágoa e Afonso para o hospital dos incuráveis, para encontrar uma saída à angústia que o atormenta. Os sofrimentos dos doentes falam mais a ele do que a vaidade dos grandes e poderosos.

Ali, no hospital, Afonso põe-se a lavar as feridas daqueles pobres chagados e a fazer-lhes os curativos. A uns leva uma palavra de carinho e afeto; a outros, um aperto de mão para reanimá-los. De repente se vê como que envolvido por uma luz ardente. O edifício parece tremer inteiramente. E tem a sensação de estar ouvindo uma voz bem compassada: "Afonso, abandona o mundo... Entrega-te a mim..."

Isso o deixa impressionado. Não seria a resposta a suas dúvidas, a suas terríveis perguntas?

Isso faz lembrar Moisés diante da sarça ardente... Moisés, depois de vê-la, quer prosseguir. Mas a sarça continua a arder sem se consumir. Assim acontece com Afonso. Ele quer continuar dando atendimento a seus doentes, como se nada tivesse acontecido. Mas, quando se retira dali, novamente se sente cercado de luz, e a voz faz-se ouvir mais uma vez. Mas agora, mais pausada ainda: "Afonso, abandona o mundo... Entrega-te a mim!"

Quer caminhar, mas não pode. Lágrimas abundantes rolam-lhe pelas faces. Está numa terrível encruzilhada. Moisés, quando se viu em situação semelhante, ouviu de Deus: "Não te aproximes daqui. Tira as sandálias dos pés porque o lugar em que estás é uma terra santa" (Êx 3,5). Afonso sente a mesma coisa. Deve tirar as sandálias, isto é, mudar de vida. Aí diz: "Senhor, já resisti demais. Eis-me aqui... Fazei de mim o que quereis".

18. Perseguição de Deus

Numa hora dessas, de profunda inquietação interior, de dúvidas, de perguntas sem respostas, a tentação é fugir. Refugiar-se na bebida, nas farras, no sexo... Afonso procura uma igreja. É a igreja de Nossa Senhora das Mercês. Atira-se aos pés da imagem da santa Virgem, e, de novo, sente a voz de Deus como uma persistente perseguição: "Afonso, abandona o mundo... Entrega-te a mim..."

É nessa hora e nesse lugar que Afonso renova seu propósito de deixar tudo para consagrar-se a Deus. Levanta-se, puxa de sua espada de cavalheiro e, como garantia de sua fidelidade, coloca-a sobre o altar da Senhora das Mercês.

Lá dentro do coração, dando-se por vencido, ele murmura: “Seduziste-me, Senhor, e eu me deixei seduzir. Tu te tornaste forte demais para mim: tu me dominaste” (Jr 20,7).

Ao sair da igreja, era como se tivesse nascido de novo. Vai à procura do seu diretor espiritual, Pe. Pagano, conta-lhe tudo e manifesta-lhe sua decisão de deixar o mundo, e logo. O padre tenta acalmá-lo. Quer convencê-lo a pensar mais, pois esse é um negócio muito sério. Não é para se resolver hoje. Daqui a um ano o assunto estará mais amadurecido.

19. A crueldade de uma decisão

Afonso vai para sua casa. Entra. É preciso conversar com seu pai. Dom Giuseppe até parece que adivinhou. Dirige-se ao quarto do filho. O diálogo começa. Foi um monólogo rude, franco, violento. E como uma decisão do tipo dessa de Afonso envolve até certa crueldade para uma das partes, essa foi a hora da crueldade de uma decisão. O discurso foi longo, demorado, nervoso. As palavras saem da boca de Dom Giuseppe num verdadeiro tropel. É uma autêntica apelação. "Tu estás abandonando teu pai... Estás atirando fora uma fortuna construída com muita luta... Estás voltando as costas para uma carreira que era a honra de tua família... Onde vai parar a glória, o bom nome dos Ligórios? Tratas com desprezo um casamento que seria tão brilhante e honroso..."

Enquanto Dom Giuseppe fala, Afonso vive

um drama dentro de si. As palavras de Jesus apertam-lhe o coração: "Todo aquele que tiver deixado casa ou irmãos ou pai ou mãe ou filhos, ou terras, por causa do meu nome, receberá muito mais e herdará a vida eterna" (Mt 19,29).

Mas quando Dom Giuseppe termina seu discurso, Afonso, com o coração esmagado pela dor desesperada do pai, fala-lhe, decidida e brevemente: "Papai, não posso ir contra Deus... Não posso..."

Dom Giuseppe vira uma fera. Bate violentamente a porta, e sai vociferando: "Que morra um de nós dois... Não quero ver-te mais".

Gritos não resolvem nada. Pelo contrário, agravam mais a situação. E Afonso resolve falar com o pai com bastante clareza qual é a sua decisão. Espera a tempestade acalmar-se, e depois procura seu pai e diz o que não pôde dizer antes: "Papai, sei que o senhor está triste por minha causa. Mas devo dizer-lhe toda a verdade. Não pertenço mais ao mundo. Deus quer que me retire dele... Não me leve a mal... Papai, dê-me sua bênção".

Num instante Dom Giuseppe vê desmoronarem-se todos os seus castelos e sonhos. Não agüenta mais. Obscurecem-lhe os olhos. Fica incapaz de uma palavra. Vira as costas e se retira. Não se julga vencido. Vai buscar apoio junto aos amigos e organizar uma nova investida. Faz-se necessária uma outra estratégia...

20. O pequeno Davi e o poderoso Golias

Dom Giuseppe, como bom estrategista, descobre logo o que deve fazer. É preciso armar-se mais. É preciso tornar-se um gigante para destruir a arrogância de um pigmeu.

Toma seu carro e vai bater à porta dos poderosos, homens de influência e dinheiro, amigos de Afonso. Procura até sacerdotes que lhe são íntimos. Reúnem-se ao lado de Dom Giuseppe. O plano é um só: Convencer Afonso a não abandonar sua brilhante carreira de advogado, ainda mais que tal resolução era precipitada. Um sacerdote de renome também entra no batalhão. Dom Giuseppe fica eufórico. Recobra novas esperanças e a certeza de que seu filho acabará cedendo. Chegado o momento combinado, começa a guerra.

Que decepção para Dom Giuseppe! Afonso não discute com ninguém. Ouve serenamente a todos, e a cada um dá a mesma resposta: "Deus me chama... Não posso resistir-lhe..."

Dom Giuseppe, então, deu-se por derrotado. Mas impôs uma condição; e Afonso a aceitou para contemporizar um pouco a execução de seu plano. Afonso deve continuar vivendo com a família, e não deve entrar para nenhum convento.

Foi assim que o pequeno Davi derrubou o poderoso e arrogante Golias.

21. Às portas da morte

É 27 de outubro de 1723.

Afonso torna-se clérigo. Troca as luxuosas vestes de nobre cavalheiro pela humilde batina de clérigo. O pai, que lhe dera o consentimento para isso, fica inconformado e, durante um ano, não quer saber de se encontrar com seu filho. Sempre que o avista ao longe, desvia-se, para não passar por ele.

Afonso, cheio de entusiasmo, começa o estudo da teologia. Dedica-se tanto que os progressos são grandes. Sua meta é o sacerdócio. Já a 6 de abril de 1726 recebe a ordem diaconal. Sua alegria é algo contagiante, pois já pode proclamar a palavra de Deus, fazendo uso de sua função de diácono. Começa logo a todo vapor. Ao mesmo tempo que se dedica aos estudos, corre para lá e para cá para levar a todos o pão da palavra divina. Aos poucos, sua fama de pregador vai se espalhando e seu campo de trabalho vai se ampliando cada dia mais. Preocupado com a conversão dos pecadores, exagera nas penitências. E as conseqüências não tardam.

Cai gravemente enfermo. Chega às portas da morte. Recebe a unção dos enfermos e seu leito está continuamente cercado de pessoas que rezam para que ele tenha uma boa morte. Sua mãe chora desesperadamente. Seu pai, quieto, quebrado de remorso por ter desejado a morte ao filho, agora reza, pedindo a vida para ele. Quando tudo parece estar perdido, Afonso pede que tragam para junto de seu leito a imagem de Nossa Senhora das Mercês, aquela mesma à qual entregara sua espada. Olha-a demoradamente. Parece que está conversando com ela. De repente, ergue-se e senta-se na cama. O silêncio e o espanto, a emoção e as exclamações de alegria foram gerais. Afonso está completamente são. Milagre?

22. Sacerdote para sempre

É 21 de dezembro de 1726.

Afonso tinha se preparado fervorosamente para sua ordenação sacerdotal. E talvez sua doença tenha sido um tempo de parada em sua correria e de pausa para a meditação...

Nesse dia, por entre alegrias e tristezas, Afonso se torna o Padre Afonso. Começa a realização do grande ideal de sua vida. Trocara a toga pela batina, a tribuna pelo púlpito.

Afonso está alegre, muito alegre! Seu pai está triste, muito triste. Perdeu seu filho. Perdeu aquele que era o seu orgulho, a sua esperança, a grandeza de sua família.

Não tarda, e Afonso tem seu batismo de

fogo no exercício do ministério sacerdotal. É a pregação de um retiro para o clero de Nápoles. Muitos se surpreendem com essa indicação do Cardeal Pignatelli, arcebispo de Nápoles. Mas tudo corre tão bem que sua fama de orador e santo se espalha por todos os recantos. Afonso, entretanto, não se fizera sacerdote para esse tipo de apostolado. Sua paixão são os pobres. E é para estes que ele se sente chamado.

23. O amigo dos "lazzaroni"

Havia em Nápoles uma praça chamada Levinaro. Ali se reunia toda a miséria da cidade: os pobres, os malandros, os vagabundos. Ou ficavam ali sem nada fazer ou se espalhavam pela cidade para roubar. O apelido deles era "lazzaroni". Ninguém queria saber de se aproximar deles. Ajudá-los a sair daquela condição degradante, quem? Catequizá-los? Evangelizá-los? Quem? Nenhum sacerdote de Nápoles topava esse tipo de apostolado.

O Pe. Afonso aceita o desafio. É homem que enfrenta os riscos, porque é homem de fé, de esperança e de oração. Porque reza muito, se anima a enfrentar o risco. Porque tem esperança, lança-se à luta com coragem e bravura. E porque tem fé, tem a certeza de que Deus é capaz de fazer daqueles maltrapilhos e marginalizados dignos filhos seus e outros apóstolos.

Lá vai ele. Entra na praça, caminha lentamente. Ninguém tem coragem de se aproximar dele. Ele se assenta por ali, e espera. Devagar vão se achegando dele. No primeiro dia, apenas uns poucos. Conversam com ele, e acabam gostando da prosa. Pedem para ele voltar no dia seguinte. No segundo dia, novamente, Afonso se encaminha para a praça Levinaro. Agora o número de lazzaroni que vai procurá-lo já é maior. Não passam muitos dias, e todos estão a rodeá-lo para ouvi-lo. Passam horas ali ao redor de Afonso. Há momentos em que ficam sérios, olhando para ele. Outros momentos, explodem em gargalhadas. Há momentos até de lágrimas. Ficam impressionados com aquele padre. Ninguém ainda sabe seu nome. Para eles ele é o padre. Mete-se no meio deles e os trata de igual para igual, e com carinho. Essa atitude de Afonso os comove.

Afonso começa devagar. No começo, apenas algumas conversas, para conhecê-los. Sente até ao fundo a angústia, a tristeza, a miséria, a rejeição por que aqueles miseráveis passam. Depois de ouvi-los, Afonso começa a falar também. Fala quem ele é. Fala o que espera deles. Dá-lhes algumas orientações. Com bondade e paciência aponta seus erros e os ajuda a corrigi-los. Ensina-lhes uma profissão para ganharem honestamente a vida. A evangelização vai se aprofundando cada dia mais. Quando Afonso lhes anuncia o doce e misericordioso Jesus de Nazaré, amigo dos pobres e dos pecadores, as conversões vão surgindo para a primeira eucaristia. Que maravilha! Levinaro perde sua antiga fama. Agora já é uma praça onde as pessoas podem passear e conversar com sossego.

É de padres assim que a Igreja precisa. Homens de fé, de esperança e de oração. Sobretudo, de homens que acreditam nos homens...

24. A Praça Stella

O negócio de Afonso não pára na praça de Levinaro. Há outras praças que precisam de um apóstolo também. E Afonso vai para a praça Stella. É um lugar do qual as pessoas de bem fogem. É lá que Afonso quer iniciar mais uma experiência. E não vai só. Os lazzaroni da Levinaro o acompanham. O negócio pega fogo mais depressa do que se esperava. Logo, uma multidão de operários e trabalhadores os cercam e se unem a eles. São barbeiros, pedreiros, carpinteiros, fabricantes de sabão. Todos querem ouvir Afonso. A cada dia que passa, a multidão cresce. As conversões vão se sucedendo, e Afonso não dá mais conta sozinho. Por isso pede a ajuda de padres amigos.

E Afonso vai formando com esse pessoal convertido verdadeiras comunidades cristãs. E como se trata de gente marcada pela sociedade com a pecha de malandros, a polícia fica de olho. O que será que andam maquinando esses malandros?

Casos extraordinários de conversão também acontecem, como por exemplo, o de Nardone e o de Barbarese.

Nardone era um diretor de escola. Era conhecido por todos como corruptor de menores. Certo dia, atravessando a praça, ouve a voz de alguém que está falando de um tal de Jesus de Nazaré que foi condenado à morte. Presta atenção. Interessa-se e vai chegando cada vez mais perto. De repente, tocado pela graça, na frente de todo o povo, cai de joelhos aos pés do pregador, e, por entre soluços e lágrimas, faz uma confissão sincera de toda sua má vida, e se converte. Dali para a frente, Nardone leva uma vida exemplar e se une a Afonso na tarefa de moralização dos costumes.

Puxa, comentavam os outros, até Nardone!?

Poucos dias depois de Nardone foi Barbarese. Barbarese fora soldado. Por várias vezes se desertara do exército. Só estava vivo, porque também naquele tempo havia poderosos que protegiam bandidos.

Vivia como um animal, arrastando-se por todos os vícios. Era um autêntico mau caráter. Moralmente, um desclassificado.

Foi também na Praça Stella. Lá está Afonso proclamando a palavra de Deus. Barbarese, à procura de safadagem, passa por ali. Olha, vê Afonso pregando, e já pensa em fazer gozações, mas fica com medo dos lazzaroni. Vai, devagar, se aproximando. Começa a prestar a atenção. Deus, de súbito, invade-lhe o coração. Olha para Afonso, e Afonso olha para ele. A cena é, em tudo, semelhante à da mulher adúltera do Evangelho. Afonso entende todo o seu drama, e Barbarese sente todo o calor humano e divino de um amigo. Converte-se e se confessa. É mais um apóstolo que se une a Afonso.

Que figura a do Pe. Afonso: de um lado, um ex-bandido; do outro, um ex-corruptor de menores. Que boa companhia! É o Cristo entre dois ladrões...

25. O grão de mostarda

É uma grande obra que começa pequenina...

Quando Afonso começou seu trabalho junto aos lazzaroni, ninguém acreditava que isso fosse longe. Nem o próprio cardeal Pignatelli. Agora já são muitas "reuniões" ou grupos. As autoridades começam a temer um motim e ficam intrigadas com aquilo. O que significa tanto bandido junto? A polícia quer interferir. Prende Nardone e Barbarese. Mas quando eles se defendem dizendo que se reúnem para ouvir o senhor Ligório, a polícia se espanta e os solta imediatamente. O que fazer? As cabeças dos governantes são pequenas demais para comportar as maravilhas que Deus realiza naqueles homens. É sempre assim. Afonso, para se proteger, recorre ao arcebispo. Não teme, mas não quer que aconteça nada de mal àqueles convertidos, cheios de boa vontade. O arcebispo se acovarda e manda Afonso parar seu apostolado.

Afonso fora advogado, e sabe as manhas para contornar uma situação desse tipo. Suspende todas as reuniões que eram feitas em praça pública, e pede a seus companheiros de apostolado, sacerdotes e leigos, para reunirem os queridos lazzaroni em casas particulares ou em salões fechados. Afonso continua à frente do movimento, e esse trabalho faz dele um dos precursores da Ação Católica.

A obra ganha vulto. Já não é mais um grão de mostarda. É uma árvore frondosa. Até o sr. arcebispo se converte para a obra, quando sente seus frutos espirituais. Escolhe alguns padres e os destina para auxiliares do fundador. Agora a obra tem até assistente diocesano e assistentes dos diversos grupos ou centros.

Mas o negócio não pára aí. A obra cresce ainda mais. Criam-se escolas gratuitas, e isso transforma o movimento numa árvore frondosa. À sua sombra se abrigam os pobres de corpo e de espírito.

Mais tarde, em conseqüência de novas e absorventes ocupações, Afonso, com dor no coração, tem de deixar a direção desse movimento. Mas a obra não morre...

26. Dom Giuseppe se converte

Afonso vive na casa de seus pais, mas suspira pela hora de poder experimentar mais de perto a solidão de um convento. Tem uma sede terrível de Deus, e para saciá-la precisa de mais recolhimento e solidão. Pede então permissão a seu pai para ir morar num convento, e o velho consente. Afonso vai para o colégio da Sagrada Família, morar com o célebre missionário Pe. Mateus Ripa.

Aí no convento, Afonso faz uma profunda experiência de Deus. Vive em extrema pobreza. Alimenta-se muito mal, não só por falta de comida, mas também por penitência. Nos sábados, jejua a pão e água. Dorme pouco e o pouco que dorme é sobre uma tábua nua. Passa a maior parte da noite em oração. É nessa vida de simplicidade e de intimidade com Deus que Afonso busca a eficácia de sua ação apostólica. Não a busca na sua sabedoria, na sua eloqüência, na sua cultura, no seu status...

É o encarregado da igreja. É como que um vigário. Aos poucos sua igreja se transforma num centro de piedade profunda e de sinceras conversões. E é aí que Afonso experimenta uma das maiores alegrias de sua vida: a conversão de seu pai.

Dom Giuseppe passa por uma grande transformação desde o dia em que, pela primeira vez, ouvira a pregação de seu filho. Mas lá no fundo de seu coração ainda existe uma mágoa pela vocação de seu querido primogênito. Isso o machucara demais. Não consegue esquecer as risonhas esperanças que nele depositara. Por isso não foge ao capricho de comparar os triunfos de agora com as glórias que teria conquistado na corte e nos tribunais. É verdade, esses são sentimentos que, levemente reprimidos, às vezes afloram e sobem à sua cabeça. E quem mais sofre com isso é Afonso. Mas o velho tinha se transformado de fato. Confessa-se com freqüência com o próprio filho. Participa da eucaristia ardorosamente. Reza muito. E acaba aceitando inteiramente a vontade de Deus. Por isso deplora a vaidade e cegueira que o levaram a oporse à vocação do seu primogênito.

27. Uma mulher no seu caminho

A cada dia que passa, todos percebem que a saúde de Afonso vai se definhando sempre mais. Seus pais se preocupam. Seus superiores se preocupam. Mas Afonso herdara muito da teimosia de Dom Giuseppe, por isso teimava em fazer seus excessos no trabalho, na penitência, na oração.

Alguns padres, amigos seus, convencem-no a repousar um pouco, passando uma temporada fora. E vão com ele para a cidadezinha de Scala, a uma ermida chamada Santa Maria dei Monti. Mesmo aí o descanso transformou-se em trabalho. Afonso irá guardar desse lugar profundas recordações.

Aquela era uma região maravilhosa. E

Afonso saía andando pela redondeza, para aspirar o ar puro das montanhas. Dava atenção a todos que encontrava pelo caminho.

Scala era habitada por muitos cabreiros que se dedicavam à criação de ovelhas. Também era grande o número de camponeses dos arredores. Perceberam a bondade de Afonso, e começaram a seguir seus passos. Aprenderam sua casa. E para lá iam todos os dias. Pobrezinhos!

Eram totalmente ignorantes em tudo. A única riqueza deles era a pobreza em que viviam. Queriam que Afonso os ensinasse a rezar... queriam aprender alguma coisa sobre Deus, sobre Nossa Senhora. E Afonso fica com dó deles, e se interessa por eles.

Em pouco tempo era uma verdadeira multidão de cabreiros e agricultores que o procuravam, vindos de todos os recantos. E, um dia, olhando aquele povo pobre e abandonado, tem os mesmos sentimentos de Jesus, "e fica tomado de compaixão por eles, pois estavam como ovelhas sem pastor" (Mc 6,34). E isso marca terrivelmente a espiritualidade, o ministério e a vida de Afonso. Todos os dias ele medita nesse drama dos pobres cabreiros e tenta encontrar alguma coisa para fazer por eles.

Um dia, mergulhado em Deus, tem uma idéia: "Por que não congregar um grupo de sacerdotes, para se dedicarem unicamente àqueles tão tristemente abandonados?" Essa foi uma primeira inspiração de Deus àquela alma de apóstolo. Vamos ver como essa inspiração se tornará realidade!

Havia ali em Scala um convento de religiosas. Eram as Irmãs do Santíssimo Salvador. Eram religiosas fervorosas, mas, no momento, passavam por uma crise. Reinava a divisão na comunidade em conseqüência das discussões sobre que Regra se devia observar. Algumas exigiam reformas; outras não aceitavam nenhuma mudança. O bispo de Scala pede ao Pe. Afonso que vá pregar um retiro para essas irmãs. Coitado, viera para descansar! Afonso não sabe dizer não a ninguém. Aceita. Lá está ele entre as irmãs. Ciente do que estava acontecendo, convida as religiosas a manifestarem, com sinceridade, suas opiniões. A primeira a se manifestar foi a Irmã Maria Celeste Crostarosa. Ela tivera uma visão há poucos dias, e começa relatando-a a Afonso. Afonso ouve-a com atenção. E ela conta:

— Vi, numa visão, um grupo muito grande de padres, que se dedicavam unicamente à evangelização das almas mais abandonadas. À frente desses padres estava o senhor, Dom Afonso".

Quando ela termina, Afonso está gelado. Profundamente emocionado. Evangelizar os mais abandonados... é bem a sua idéia, a idéia que tivera em Santa Maria dei Monti... Coincidência? Jogada de Deus?

Afonso reorganiza o convento. Dá novas regras às Irmãs, e ainda hoje essas religiosas são conhecidas por Irmãs Redentoristas. Elas vêem em Afonso o seu fundador.

A partir de então essa mulher, Irmã Maria Celeste Crostarosa, entra em seu caminho...

28. Uma visão que foi visão mesmo

Aquela mulher tira toda a tranqüilidade de Afonso. E ele pensa: "Eu fundador? Jamais". E quanto mais tenta esquecer aquela idéia, mais se fixam em seus ouvidos aquelas palavras: "... À frente desses padres estava o senhor, Dom Afonso".

Afonso anda perturbado. E por aqueles dias aparece em Scala um bispo que tinha fama de sábio e de santo. É Monsenhor Falcóia. Afonso vai à sua procura. Conta-lhe tudo quanto está acontecendo com ele. Fala também de seu grande medo de enfrentar um negócio desse tipo.

Falcóia ouve-o sem interrompê-lo. Não

comenta nada. Pede tempo para pensar, e se retira... Vai até o bispo de Scala, procura outros sacerdotes de projeção, consulta-os, depois volta e dá esta resposta a Afonso: "Deus quer que o senhor seja fundador de uma Obra que se dedique à salvação dos mais abandonados".

A resposta de Falcóia não tranqüiliza Afonso. Deixa Scala e vai até Nápoles. Dirige-se ao Pe. Pagano, seu diretor espiritual. Também para ele conta tudo o que está se passando dentro dele, e pede sua orientação. Pe. Pagano não lhe dá nenhuma resposta, e diz que vai pensar sobre o caso. Reflete e reza, reza e reflete, e acha a resposta. Chama Afonso e comunica-lhe: "Deus quer que o senhor seja o fundador de uma Obra que se consagre à salvação dos mais abandonados".

E aí começa a via-sacra de padre em padre. Vai a um da Congregação das Missões, Pe. Cutica; sai dele e se dirige a um jesuíta, Pe. Manúlio, e em seguida bate à porta de um dominicano, o Frei Fiorelle. E todos lhe dizem a mesma coisa.

É verdade! Uma mulher se pôs em seu caminho, e mexeu com sua vida.

28. Nem tudo foi luz

É verdade, foram muitos os que acenderam uma luz no caminho de Afonso. E ele tomou a resolução mais difícil de sua vida. Decidiu ser fundador.

Quando Afonso já havia aceito a idéia como vontade de Deus, aí começam a aparecer os do contra. Aqueles que vêem nisso uma loucura... uma aventura inventada por uma visionária. Afonso fica perdido! Vê-se abandonado pelos melhores amigos. Vai, de novo, para Scala. Revela à Irmã Maria Celeste sua dúvida, seu medo, sua hesitação. E a religiosa lhe diz: "Dom Afonso, esta obra é de Deus. Haveis de ver os resultados".

Afonso, de volta a Nápoles, ali no Colégio da Sagrada Família, entrega-se à oração e à reflexão durante alguns dias. Tanto pede e implora que Deus lhe manda um sinal: a cura miraculosa de uma religiosa gravemente enferma. Então ele se firma na idéia. Resistir por mais tempo seria opor-se temerariamente à vontade de Deus. Conversa sobre isso com um seu colega de pensão, o Pe. Mandarini. Ele se entusiasma pela coisa e adere a Afonso. Já são dois.

30. No Horto das Oliveiras

Aproxima-se o dia de Afonso deixar Nápoles. Seu pai está contrariado com a resolução do filho, mas consola-se com a idéia: Afonso afasta-se da família, retira-se de Nápoles para fundar uma Congregação. Mas logo lhe vem a pergunta: Quando poderei ver meu filho de novo? Dom Giuseppe já se vê no leito de morte, morrendo sem ter o consolo da presença do filho. Ali na solidão do seu escritório, o velho chora inconsolavelmente. Está conformado, mas chora...

Afonso está hospedado na casa de seu pai. O Pe. Mateus Ripa, inconformado com sua decisão, expulsara Afonso e Mandarini de sua casa para sempre.

É tardinha. Afonso entra para descansar um pouco. Já está dentro do quarto, quando ouve os passos nervosos do seu pai. Dom Giuseppe abraça o filho; desta vez com um carinho e uma ternura extrema. Aperta-o contra o peito e lhe diz, soluçando:

— Afonso, meu filho, é certo que vais abandonar teu velho pai? É certo, meu filho?

Afonso sente que chegou para ele a agonia do Horto das Oliveiras. Mais tarde ele dirá que esta foi a maior provação de sua vida. Aquelas palavras foram como que punhaladas em seu coração. Mas, disfarçando sua dor, ele responde:

— Sim, papai! Deus o quer.

Dom Giuseppe agarra-o de novo, abraça-o mais apertadamente ainda, e repete, debulhado em lágrimas:

— Afonso, meu filho, por que abandonas teu velho pai? Filho... não me causes esse tormento... Afonso... Afonso...

Foi esse um abraço que durou três horas. Foi um verdadeiro Horto das Oliveiras. Afonso ainda falou:

— Papai, Deus o quer... Não posso resistir a Deus...

Afonso, um tanto nervoso, deixa rapidamente sua casa. Não se despede. Não olha para trás. Não quer que a cena triste se repita...

Deixa Nápoles aos 36 anos de idade e aos 6 de sacerdócio. O destino é Scala.

31. Em Scala, a Belém dos redentoristas

É 8 de novembro de 1732.

Afonso chega a Scala. Vai para o convento que o bispo lhe dera. Não tem luxo. Um pequeno oratório, uma saleta para reuniões e três quartinhos para dormitórios. A mobília é mais pobre que o prédio: algumas cadeiras já velhas e desconjuntadas, colchões também velhos e estragados, panelas e pratos de barro. Não é tudo. Mas se há mais alguma coisa, é pouco mais além disso. A pobreza é grande. A miséria, maior. Ali já estão à sua espera seus companheiros e amigos. São sete. Todos, homens de virtude e de valor, dispostos a seguir o chefe no que desse e viesse...

É 9 de novembro de 1732.

Chegou o dia tão esperado. Afonso e seus companheiros vão à catedral. Assistem à missa do Espírito Santo. É assim que nasce uma nova congregação religiosa. Sem estardalhaço. Sem festa. Mas por entre muita oração e alegria. Seu padroeiro é o grande missionário Jesus Cristo. Seu nome: Congregação do Santíssimo Salvador. Mais tarde, o Papa Bento XIV muda esse nome para Congregação do Santíssimo Redentor.

Um novo modo de comemorar um acontecimento extraordinário: os padres fazem três dias de retiro; rezam muito e fazem muita penitência, para implorar o auxílio, as graças e bênçãos de Deus sobre a nova fundação.

Todo começo é difícil. Também o dos redentoristas o foi... Comem mal. Também não é para menos. O cozinheiro da Comunidade era um nobre senhor chamado Vítor Cúrzio. Entendia bem de espada e de revólver e nada de cozinha. Sua vida era vivida de duelo em duelo. Era um arruaceiro. Converteu-se e entrou para o grupo como irmão coadjutor. Aí está uma das razões das muitas mortificações e provações da Comunidade.

32. Primeiros fracassos

Afonso é um outro Abraão à procura da realização do plano de Deus. Deixa Nápoles e parte para o incerto. Ele tem fé e esperança, mas tudo é uma interrogação.

As oposições à sua saída de Nápoles e à sua aventura de fundar uma congregação religiosa cresceram. Seu nome e sua loucura andavam de boca em boca. Para muitos, Afonso se tornara motivo de riso e de caçoada. Até entre os amigos. Enquanto a guerra contra sua obra era movida por gente de fora, Afonso se mostrava firme em sua decisão. É claro que tudo isso o machucava interiormente. Mas tentava superar tudo na oração e no fervor da primeira comunidade. A união fazia a força!

De repente, a guerra começou a existir dentro do convento...

Afonso sabia (isso lhe fora revelado) que a Congregação seria fundada, embora tivesse de passar por provas de fogo; isto é, enfrentar dificuldades não só externas, mas, principalmente, internas. E isso começou cedo. Várias vezes sua Congregação esteve para ir a pique...

Os primeiros redentoristas já estão vivendo em comunidade, mas sem nenhum regulamento escrito. Antes de pensar em formar novas comunidades e receber novos candidatos, era preciso redigir uma regra de vida e de trabalhos para eles. Já eram todos pessoas adultas e experientes. Então se fazia necessário um diálogo para se chegar a uma certa unanimidade. E o diálogo e as consultas começam. Também começa a se manifestar uma divisão entre eles. Todos estão interessados no êxito da obra; todos estão unidos entre si e com Afonso por laços de profunda amizade e de fraterna afeição.

Acontece a primeira reunião. Todos estão de acordo num ponto: A Congregação será essencialmente missionária, e seus sacerdotes deverão dedicar-se, especialmente, às almas mais abandonadas. E outros tipos de trabalho? Estão todos excluídos? Aí é que houve divisão. E divisão aguda...

Para Afonso não deve haver discussão quanto a isto, pois as revelações que deram origem à idéia da fundação eram bem claras e explícitas: *a Congregação deve ser única e exclusivamente missionária.*

Para os outros, embora a Congregação devesse ser missionária, não deveriam ser excluídas da atividade da Congregação as paróquias, as escolas, nem qualquer outra forma de apostolado.

Afonso experimenta o primeiro fracasso. Não consegue construir a unidade. O que fazer? Terminar tudo?

Há ainda outras discordâncias no grupo: uns querem mais austeridade de vida; outros acham que já são demais. Uns queriam pobreza e penitência extremas, muita oração; outros queriam um meio termo. Uns queriam que se dormisse sobre tábua, outros exigiam colchões etc...

A reunião é interrompida para reflexão!!!

33. Dos sete ficaram dois

Afonso aproveita a interrupção da reunião, e vai consultar seus conselheiros particulares. Procura esse, procura aquele, e todos são unânimes: Firmeza.

Afonso usa, então, de firmeza e firmeza produz resultados desastrosos. Nem sempre os conselhos de outros são tão acertados como a resolução de quem está sentindo o problema na própria pele. Quando Afonso lhes comunica sua resolução, imediatamente seus companheiros o abandonam. Dos sete ficaram apenas dois: Pe. César Sportelli e o irmão coadjutor Vítor Cúrzio, o cozinheiro.

Afonso fica arrasado, mas não desanimado. O fracasso se consolida. As caçoadas aumentam. os risos balançam de rosto em rosto.

A fundação de Afonso tem de ser semelhante às obras de Deus. Sempre passam por um fracasso aparente para reaparecerem cheias de vigor e força. É como a árvore que é podada, para mostrar depois mais vida, viço e frutos. Em tudo que é de Deus sempre sobra um "resto" fiel.

Chateado e angustiado, Afonso vai bater à porta do bispo de Castellamare. Ele se interessava profundamente pela obra e desde o começo a via como sua também. Também ele estava arrasado com o fracasso. Quando Afonso entra, a saudação é ríspida e seca:

— E o senhor, também quer abandonar tudo? Deus não precisa de ninguém, Dom Afonso.

Essas palavras foram como que um punhal em Afonso. Com voz trêmula, mas decidida, ele responde:

— Excelência, ninguém está mais convencido disso do que eu. Pelo contrário, agora preciso mais de Deus que nunca. O que quero é fazer a vontade divina e, embora sozinho, não desanimarei.

O bispo fica comovido e, emocionado, anima Afonso, dizendo:

— Meu filho, que Deus abençoe a sua Obra. Tenha confiança nele.

Afonso volta para Scala mais encorajado...

34. A tristeza do abandono

Em Scala, passados uns dias, Afonso se vê numa crise terrível. O desânimo o esmaga. Sente-se na solidão e no abandono. Mas é na solidão e no abandono que as almas fortes crescem e se robustecem mais. E Afonso experimentou isso.

Vai à frente do sacrário. É só aí que pode encontrar força. Fala ao Cristo do abandono de todos os que antes o admiravam. Fala das difamações, das calúnias, das caçoadas. Fala da enorme solidão em que o deixaram seus cinco amigos e co-fundadores. E em Cristo encontra companhia, coragem e alegria. Antes de se retirar daquele oásis restaurador, ele faz o voto de consagrar-se ao trabalho das almas mais abandonadas, ainda que tivesse de trabalhar sozinho toda a vida. Quando sai dali, a tentação do desânimo já se desfizera.

Após a tempestade reina a calma e brilha o sol. Os desertores, quinze dias depois, voltam e querem que Afonso os aceite de novo. Mas Afonso é inflexível. Não os readmite porque conservavam ainda as mesmas idéias.

35. As missões e os missionários

Ainda era um pequeno rebanho a Congregação de Afonso: Pe. César Sportelli, o Irmão Vítor Cúrzio e ele. Três. Apenas três. Não demora e aparece mais um. É Januário Sarnelli, filho de barão. Já formam um pequeno grupo missionário. E lá vão os quatro. Em pouco tempo evangelizam Ravello, Raito, Benincasa, S. Lázaro, Cámpoli e Pomerano. Assim passou o primeiro e tormentoso ano da Congregação.

Aí começam a surgir as primeiras fundações, e junto com elas novos companheiros e confrades. A primeira fundação foi em Vila dos Escravos. Quando chegam, são recebidos com muita alegria e festa. E o Pe. Xavier Rossi, um dos entusiastas dessa fundação, entra também para o grupo. É mais um.

Em Scala é aberto o primeiro noviciado da Congregação sob a orientação do Pe. César Sportelli. As vocações vão se multiplicando. Scala já é pequena. Vila dos Escravos também não é suficiente. Afonso tem de partir para novas fundações. Aí vêm as casas de Ciorani, Nocera, Iliceto e Caposele.

A missão é tudo para Afonso. Ele a vê como a continuação da obra redentora de Jesus. À imitação do Salvador, que percorria os campos e aldeias da Palestina, acompanhado de seus discípulos, Afonso, à frente dos missionários, proclama o Evangelho aos seus compatriotas mais carentes de socorros espirituais e desprovidos de instrução religiosa.

Quase todos os dias, o grupo de Afonso podia ser encontrado pelas estradas, caminhando de cidade em cidade. A viagem é sempre a pé. Só quando não é possível se admite o uso de cavalo. Vestidos pobremente, batinas remendadas, mas limpas, lá iam eles, alegres em sofrer alguma coisa pela propagação do Reino de Deus.

Na missão, ninguém era esquecido. Ele se dirigia a todos: desde os doentes até os presos...

O importante na missão era a evangelização, que terminava na conversão. Por isso o atendimento de confissões era algo de muito sério. Todos os missionários passavam horas e horas no confessionário. Afonso era sempre o primeiro a entrar no confessionário e o último a sair.

As pregações deviam ser em estilo simples e acessível ao mais ignorante. Dois temas de grande importância nas pregações eram: a oração e Nossa Senhora.

36. Scala, lugar de intimidade

A Congregação crescia e rapidamente. Era preciso redigir suas Regras. Afonso vai a Scala. Ali, por entre a montanha que domina a cidade, existe uma gruta. Afonso já a conhecia. Era lugar de muitas de suas meditações. Todos os dias, toma seus papéis, e vai em direção da gruta. Lá passa quase todo o dia. Escreve. São as Regras de vida e de ação dos Redentoristas.

Afonso não estava ali na gruta só para escrever. Estava para rezar. Então, ora escreve, ora reza, ora faz rigorosas mortificações. É aí que ele tem os encontros mais íntimos de sua vida com Nossa Senhora. Dizem que ela lhe apareceu várias vezes, e o inspirou na redação das Regras. Só sai dali com as Regras prontas. E quando desce, parece Moisés descendo do Sinai.

Depois de escritas, as Regras deviam ser aprovadas pelo Papa e pelo Rei de Nápoles. Quanto Afonso sofre e quanto reza para conseguir a aprovação das Regras. A espera é de anos.

37. À espera da morte

Princípios de 1762. Afonso estava esgotado. Trabalhara e sofrera demais. Estava com 66 anos e não se lembrava de ter tido um minuto de verdadeiro repouso. Sua vida fora, até ali, agitadíssima. Mas não se lamentava.

O velho missionário achava que sua morte estava chegando. Mas era mais cansaço do que idade. Afonso não nascera para descansar. Fizera o voto de não perder tempo. Impossibilitado de pregar missões, entregou-se a escrever. Enquanto esperava a morte, ia escrevendo. E escreveu muito. Escreveu cerca de 200 obras. Em seu livro de Teologia Moral chega a fazer mais de 70.000 citações. Hoje, Doutor da Igreja, ele é célebre como moralista.

É assim que Afonso espera a morte que não vem. Muitas coisas ainda estão para acontecer em sua vida.

38. Bispo de Santa Águeda dos Godos

Nocera, 9 de março de 1762.

Afonso quase morre. Aquilo, que nunca tinha desejado e do que mais tinha fugido na vida acontece. É nomeado bispo de Santa Águeda dos Godos. Chora como criança. Tenta recusar. O Papa parece ficar sensibilizado com as alegações de Afonso. Afonso aguarda resposta.

19 de março de 1762, 18 horas, Afonso é confirmado como bispo. Afonso perturbou-se, mas ajoelhou-se e rezou. "Seja feita a vontade de Deus".

Aos 4 de abril, Afonso se despede de Nocera. Muitas lágrimas. E vai para Roma. E a 20 de junho de 1762, na igreja de Santa Maria "supra Minervam", Afonso é sagrado bispo.

Sagrado bispo, Dom Afonso trata de ir unir-se logo ao seu rebanho. Vai despedir-se do Papa e pedir-lhe a bênção para si e para a sua diocese. Depois que se havia retirado, Clemente XIII comenta, emocionado: "Após a morte de Dom Ligório, teremos mais um santo na Igreja". E o Papa não se enganou...

39. Em Santa Águeda dos Godos

A entrada do Bispo em Santa Águeda foi o que há de mais simples. Ele não queria saber de solenidades. O povo o recebeu delirantemente. Todos ficaram impressionados com sua simplicidade e modéstia. Sua primeira comunicação ao povo: No próximo domingo terá início uma missão geral para toda a cidade. Ao mesmo tempo haverá retiro para o clero e para os nobres.

Foi assim que Dom Afonso Maria de Ligório estreou no episcopado.

Logo o povo começou a conhecer mais de perto o desprendimento e o espírito de pobreza de Dom Afonso. Não aceitava presente de quem quer que fosse, embora se mostrasse muito reconhecido para com todos os que lhos ofereciam. Já nos primeiros dias foi recusando vinhos, licores, frutas e doces que várias pessoas tentavam fazê-lo aceitar. Recusava-os delicada mas decididamente.

É o momento de sua primeira refeição. Seu secretário, que não conhecia seu desapego e pobreza, mandara preparar uma mesa daquelas. Parecia um banquete. Queria comemorar a posse do novo Bispo, dando uma grande recepção para personalidades ilustres. Quando Afonso chega à mesa, fica pálido. Manda chamar seu secretário, e lhe diz:

— O sr. está pensando que eu vim aqui para dar banquetes, enquanto tantos pobres estão a morrer de fome? Não deve faltar o necessário na minha mesa, mas nada quero de supérfluo.

No mesmo dia, Afonso faz o cardápio de sua casa. Uma coisa bem modesta e simples. Uma mesa de pobre.

E quando entra no quarto que lhe prepararam, quase explode! Pareceu-lhe quarto de rei com cama de rei. Chama o Irmão Romito, que o acompanhara para Santa Águeda, e pede para ele:

— Irmão Romito, onde está o meu colchão de palha? (Era um colchão duro.)

— Ah! Sr. Bispo, os cônegos é que quiseram mobiliar a casa... Além disso, não há por aqui palha como o senhor gosta — respondeu o Irmão.

— Pois bem, o sr. tem de me arranjar um colchão de palha, custe o que custar! — acrescentou Afonso.

40. Um bispo em ação

Afonso é Pastor. O bom Pastor dá a vida por suas ovelhas. Não tem medo dos lobos. Enfrenta-os corajosamente. Com as ovelhas age, de acordo com as circunstâncias, ou de modo brando e suave ou com energia e rigor. Ovelha empestada e rebelde há de ser curada.

O filho de Dom Giuseppe herdou-lhe a vontade. Vontade de ferro quando se tratava do bem das almas. Não conhecia contemplações. Não sabia o que significava acepção de pessoas. Das trinta mil almas da diocese de Santa Águeda, nem uma haveria de perecer por descuido do bispo. Mal aparecia algo de desordenado na cidade, já lá estava Dom Afonso para endireitá-lo. Primeiro vinham os meios suaves. Se não servissem, não duvidava em aplicar remédios bem desagradáveis. Enquanto não via o mal extirpado, o homem de Deus perdia o apetite, o sono, sentia-se mal. Apesar dos achaques da velhice, fazia fortes penitências, rezava continuamente e mandava rezar para que essa ou aquela desordem desaparecessem de sua diocese.

41. Ao lado do Papa que morre

É 22 de setembro de 1774. São sete horas.

Afonso já estava preso numa cadeira, quebrado pela idade e pela doença. Ele toma a campainha e toca-a fortemente. Todos vêm às pressas. Afonso se assusta com tanta gente, e pergunta:

— Por que tanta gente aqui no meu quarto? Apenas quero celebrar missa. Mas por que me estão olhando assim? Aconteceu alguma coisa extraordinária?

— Estamos preocupados com o senhor, disse um deles. Desde ontem cedo que o senhor está aí nessa cadeira, sem falar, sem comer, sem dar sinal de vida!

Aí Afonso, com humildade, respondeu:

— É verdade, meus filhos, é verdade. Vocês pensavam que eu estava dormindo... Não foi sono, não. Eu estava em Roma, assistindo ao Papa, em seus últimos momentos... Ele morreu agora mesmo...

Todos se assustaram. Mas nem todos acreditaram. Achavam que Afonso já estava caducando. Mas pouco depois chegou a notícia da morte de Clemente XIV, ocorrida no dia 22 de setembro de 1774, às 7 horas...

42. Renuncia a sua diocese e volta para o convento

Afonso já estava muito idoso. Doente, atacado de paralisia, deformado horrivelmente, o pescoço tão recurvado para a frente. Numa palavra, aleijado. Tantas vezes já pedira para deixar a diocese, mas nunca fora atendido. Clemente XIV lhe escrevera certa vez: "Basta que o senhor governe a diocese do leito em que Deus o prendeu". Só agora Pio VI atende seu pedido.

E o dia de deixar Santa Águeda chegou. Afonso já se despedira de todos... 27 de julho de 1775. Chegou pobre em Santa Águeda, pobre saía. Grande multidão está em frente à casa do bispo. Gente de todas as classes e camadas. Todos choravam. Os pobres choravam mais que todos. Afonso ficou comovido e chorou. Deu sua última bênção ao povo. Foi colocado no carro e partiu. Numa cesta amarrada atrás do carro ia toda a pobre bagagem do bispo.

Foi assim que o maior dos Ligórios deixou a diocese que ele santificara durante treze anos quase só de angústias. Foi desta maneira que voltou ao convento de Nocera dei Pagani o santo fundador da Congregação Redentorista.

Numa pequena parada que fizeram em Nola, para Dom Afonso celebrar a missa e descansar um pouco, ele restituiu a vista a um cego, ao fazer sobre ele o sinal da cruz. Sua entrada em Nocera foi triunfal. Todo o povo o aguardava e o aclamou delirantemente. Seu primeiro ato, ao entrar no convento, foi visitar o Santíssimo Sacramento. Prostra-se diante do sacrário e reza demoradamente, e ao terminar diz: "Meu Deus, agradeço-vos por me terdes livrado desta carga tão pesada! Meu Jesus, eu já não podia mais!"

Afonso vive ainda mais 12 anos. Reza muito. Atende a todos que o procuram. Faz suas visitas aos conventos vizinhos para animar a todos. E a 1.º de agosto de 1787, ao meio-dia, Deus o chama para a glória. Rodeado por seus confrades, que rezavam entre lágrimas, ele se foi.

Estava cumprida a profecia que o Pe. Francisco Jerônimo fizera a respeito de Afonso: "Esta criança não morrerá antes de completar 90 anos. Será bispo e fará grandes coisas por Jesus Cristo".

43. Mais um santo, mais um doutor

A fama de santo de Dom Afonso de Ligório correu o mundo. Milagres extraordinários se deram. E aos 6 de setembro de 1816 o Papa Pio VII concedeu a Afonso o título de "Bem-aventurado". Era Beato.

Vinte e três anos depois, o bem-aventurado Afonso de Ligório foi inscrito na lista dos santos da Igreja pelo Papa Gregório XVI. Era o dia 26 de maio de 1839.

Não terminou aí a glorificação de Afonso. Havia ele sido um dos maiores e mais profundos escritores eclesiásticos. Seus numerosos escritos são fonte inesgotável da mais pura doutrina. Por isso mais de oitocentos bispos pediram à Santa Sé que lhe concedesse o título de "Doutor da Igreja".

Pio IX, a 7 de julho de 1871, concedeu a Afonso o honroso título de "Doutor Zelosíssimo", em toda a Igreja de Deus.

O espírito de Santo Afonso Maria de Ligório não morreu. Vive nos seus filhos espirituais, espalhados pelo mundo inteiro. Como o santo fundador, procuram eles as almas mais abandonadas; prosseguem na obra divina das santas missões, fazendo com que se cumpra o lema escrito por Afonso nas armas da Congregação do Santíssimo Redentor: "Em Cristo é superabundante a Redenção".

Índice